Erste Schritte

Kathayoun Vaziri & Peter Gall

FARSI

عشق مشق فارسی

Niveau A

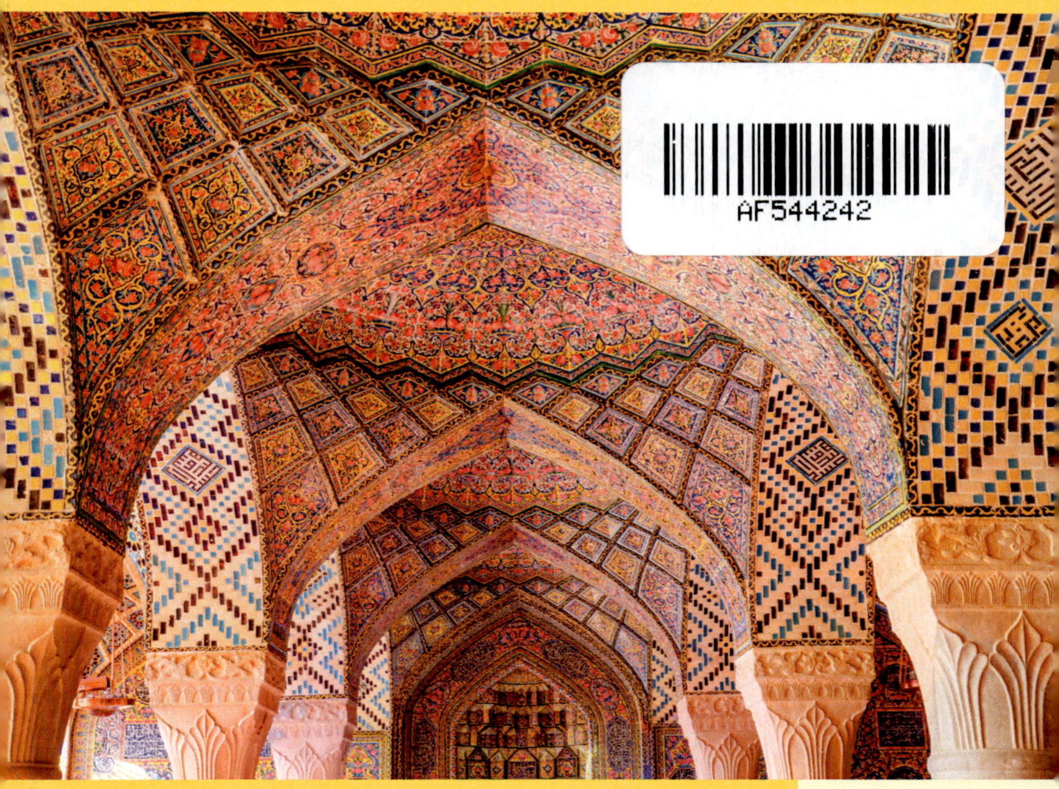

Einführung in die persische Sprache
Alphabet, Zahlen, Smalltalk
Erster Einstieg in die Grammatik

Farsi
Niveau A

2. Auflage 2024

Inhalt: Kathayoun Vaziri & Peter Gall
Coverbild: © ufotopixl10 & efired - AdobeStock.com
Illustrationen S. 15+18: © clipart.com
Redaktion: Kohl-Verlag
Grafik & Satz: Kohl-Verlag
Druck: farbo prepress GmbH, Köln

Bestell-Nr. 12 822

ISBN: 978-3-98558-222-8

Bildquellen © AdobeStock.com:
S. 4, 16, 17: Yael Weiss; S. 18: merydolla; S. 52: Helenshi;
© Clipart.com: 15, 18

Vorwort

Eshq-e Mashq-e Farsi (A) ist eine Einführung in das Level A des Persischen. In diesem Buch wird in das Alphabet des Persischen eingeführt, sowie in die Anfänge der Grammatik. Des weiteren wird in das Reich der Zahlen und der Konversation eingetreten. All das wird in sechs interessanten Kapiteln vorgestellt.

Kathayoun Vaziri unterrichtet seit mehr als zehn Jahren am Sprachenzentrum der Universität Wien. Ihre Erfahrung und Kompetenz fließt in dieses Buch ein.

Peter J. Gall hat das Buch in die entsprechende Form gegossen.

Wir hoffen aufrichtig, dass die Student*innen und Lehrenden viel Spaß bei der Nutzung des Buches haben.

Das Team des Kohl-Verlags, die Verfasserin und der Verfasser.

Wien, im Dezember 2021

Inhaltsverzeichnis

Persische Sprache

Die persische Sprache (یسراف نابز) ist eine plurizentrische Sprache in Zentral- und Südwestasien. Sie gehört zum iranischen Zweig der indogermanischen Sprachfamilie und ist Amtssprache im Iran, in Afghanistan und in Tadschikistan. Der Sprachcode ist fa bzw. fas oder per (nach ISO 639).

Persisch ist die wichtigste indogermanische Sprache in West- und Zentralasien und wird von 60–70 Millionen Menschen als Muttersprache und von weiteren 50 Millionen als Zweitsprache gesprochen. Etwa 41 Millionen Muttersprachler leben im Iran, weitere 15 Millionen in Afghanistan und 15 Millionen in Zentralasien (vor allem in Tadschikistan und in Usbekistan).

Im Iran wird die Sprache ***Fārsī*** (فارسی) genannt. ***Darī*** (دری) ist die heutige Bezeichnung in Afghanistan und Pakistan. ***Tadschikisch*** ist die in Zentralasien gesprochene Varietät des Persischen und ***Tat*** die Varietät in Aserbaidschan und Dagestan (Russland).

Das Neupersische entwickelte sich im Mittelalter zur bedeutendsten Gelehrten- und Literatursprache der östlichen islamischen Welt und hatte großen Einfluss auf die benachbarten Turksprachen (v. a. auf die Aserbaidschanische, Osmanische, Türkische, und Tschagataische Sprache), Iranische Sprachen, Armenisch, Georgisch, sowie auf die Sprachen Nordindiens, insbesondere auf Urdu. Über Jahrhunderte hinweg war das Persische die höhere Amts- und Bildungssprache im Mogulreich in Indien und anderen islamisch regierten Staatswesen des indischen Subkontinents.

Viele persische Wörter wurden auch in europäische Sprachen übernommen

Z.B.:

Persisch	Umschrift	Deutsch
بالکن	bālkon	Balkon
بالون	bālun	Ballon
بانک	bānk	Bank
بورس	burs	Börse
دکتر	doktor	Doktor
دختر	doxtar	Tochter
دوش	duš	Dusche
فامیل	fāmil	Familie
فیلم	film	Film
کرد	kord	Kurde
لاک	lāk	Lack
ماما	māmā	Mama

Persisch	Umschrift	Deutsch
مدال	medāl	Medaille
مد	mod	Mode
مسلم	moslem	Moslem
نام	nām	Name
شال	šāl	Schal

... und das ist nur eine kleine Auswahl! Du brauchst also nur noch die Schrift zu lernen, dann kannst Du schon Persisch (na ja, nicht so ganz).

Die persische Literatur gehört zu den bekanntesten und einflussreichsten der Welt und hat mit Dichtern wie Rumi, ʿOmar Khayyām, Hāfez, Sāʿdi, Nezāmi, Gāmi oder Ferdowsi, die auch europäische Dichter wie Goethe beeinflusst haben, Weltruhm erlangt.

Kurze Anleitung zur Schrift

Das Persische kennt 32 Buchstaben.

Die Schrift wird von rechts nach links geschrieben. Es ist eine sogenannte defektive Schrift, d. h., dass nicht alle Buchstaben geschrieben werden.

Es gibt lange und kurze Vokale:

Lange Vokale sind: ā, ī, ū

Kurze Vokale sind: a, e, o

Kurze Vokale werden im Persischen nicht geschrieben. Es werden nur die Konsonanten geschrieben.

Beispiel:

persische Schrift	Konsonanten	Aussprache	Bedeutung
کردن	k-r-d-n	kardan	tun

Dadurch, dass nicht alle Buchstaben geschrieben werden, muss man wissen, welches Vokabel in einem Satz gemeint ist.

Beispiel:

persische Schrift	Konsonanten	Aussprache	Bedeutung
ده	d-h	deh dah	Dorf zehn

Einführung Alefba

Wenn man eine Sprache lernt, so ist die korrekte Aussprache für eine Verständigung von größter Wichtigkeit.

Einführung

Die beschriebene Aussprache bezieht sich auf modernes Teheraner Persisch.

Im nichtwissenschaftlichen Gebrauch werden ungebräuchliche, besonders diakritische Zeichen der wissenschaftlichen Transkriptionen meist durch einfacher zu tippende Buchstaben ersetzt:

- ġ (r wie in „w**a**ren“) wird zu gh,
- ḫ/x zu ch,
- č zu tsch,
- ǧ zu dsch und
- ž zu j.

In englischen nichtwissenschaftlichen Umschriften gibt es Abweichungen, dort wird

- kh statt ch,
- j statt dsch und
- ch statt tsch

geschrieben.

Da im deutschen Sprachraum sowohl ans Deutsche als auch ans Englische angelehnte Transkriptionen nebeneinander verwendet werden und sich auch innerhalb der Orientalistik keine einheitliche Umschrift durchgesetzt hat, führen diese Abweichungen mitunter zu Uneindeutigkeiten.

Farsi Niveau A / Best.-Nr. 12 822
KOHL VERLAG

Nichtverbundene Buchstaben

Sieben Buchstaben

- alef (ا)
- dāl (د)
- sāl (ذ)
- re (ر)
- ze (ز)
- že (ژ) und
- wāw (و)

können nicht nach links verbunden werden, so dass jeweils die initiale und isolierte sowie die mediale und finale Form übereinstimmen.

Bei allen anderen Buchstaben unterscheiden wir

- isolierte,
- initiale,
- mediale und
- finale

Buchstaben.

Zur Veranschaulichung wählen wir als Beispiel den Buchstaben be (ب):

Final	Medial	Initial	Isoliert

Isoliert, Initial, Medial und Final kommt es daher zu entsprechenden Schreibweisen.

Aber **nicht alle** Buchstaben erscheinen in den vier Schreibweisen.

Wenn wir die einzelnen Buchstaben besprechen, werden wir noch darauf zurückkommen.

Umschrift (Transliteration)

	ʼ	steht a) innerhalb eines Wortes vor einem Vokal zur Kenntlichmachung einer vokalisch anlautenden Silbe oder b) innerhalb eines Wortes vor einem Konsonanten bzw. am Wortende zur Kennzeichnung des „stummen Hamza“ bzw. von „Ayin“ (zur Unterscheidung von gleichlautenden Wörtern ohne Hamza und Ayin). z. B.: Pinguin (pangu'an [پنگوئن])
ا	a	a, mit zusammengebissenen Zähnen bei nur leicht geöffnetem Mund zu sprechen z. B.: Leopard (palang [پلنگ])
آ	ā	wie deutsches *a,* jedoch glottal gefärbt z. B.: Schaukel (tāb [تاب])
چ چـ	č	*tsch,* wie in „Deutschland“ oder *„Tschechien“* z.B.: Stiefel (čakme [چکمه])
غ غـ	ġ	ein Laut, wie ein ungerolltes Gaumenzäpfen -r z. B. in *„waren“* z. B.: Taucher (ġawwās [غواص])
ج جـ	ğ	*dsch* bzw. wie ein *g* in englisch „George“ z. B.: Schatz (ganğ [گنج])
ق قـ	q	ein Laut, ausgesprochen ähnlich wie französisches *r,* z. B. in *„France“* z. B.: Saphir (jaqut [یاقوت])
س سـ	s	scharfes *s*, wie *ß*, z.B. in „Fu*ß*“ oder *s*, wie in englisch „*s*ilver“ z. B.: Schaf (gusfand [گوسفند])
ش شـ	š	*sch*, wie in „*Sch*ere“ oder „Bu*sch*“ z. B.: Wasserfall (ābšār [آبشار])
خ خـ	x	*ch*, wie in „Ba*ch*“ z. B.: Bär (xers [خرس])
ی یـ	y	wie deutsches *j*, z.B. in „*J*ahr“ z. B.: Jo-Jo (yo-yo [یویو])
ذ ذ	z	wie englisches *z* (z. B. in „*z*oo“) oder deutsches (stimmhaftes) *s*, wie z.B. in „*S*umpf“ z. B.: Schnecke (halazun [حلزون])
ژ ژ	ž	wie französisches *j* , z.B. in „*j*ournal“ z. B.: Gelee (žele [ژله])

Farsi Niveau A / Best.-Nr. 12 822

Persisches Alphabet mit Schreibrichtung

Im Internet kann man auch ein ***persisches Keyboard*** finden:
https://www.lexilogos.com/keyboard/persian.htm

Alefba in Gruppen

Man kann sich die Buchstaben mitunter leichter merken, wenn man sie in Gruppen einteilt:

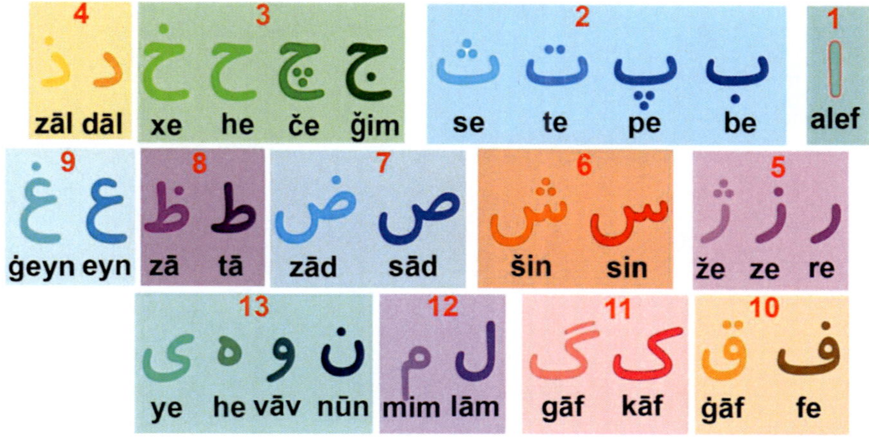

Die persischen Buchstaben erklärt

Name	DMG[1]	Junker/Alavi[2]	Aussprache	Lautschrift	Final	Medial	Initial	Isoliert	Anmerkungen
Alef	ā, a (mit Hamza: ʾ)	ā, a (mit Hamza: ʾ)	langes offenes a, am Wortanfang oder wenn Hamzaträger mit Knacklaut	[ɒ ; ʔ]	ـا	ا*	ا*	ا	Der Knacklaut wird nur transkribiert, wenn Alif im Wortinneren Hamzaträger ist (betrifft arabische Lehnwörter).
Be	b	b	b	b	ـب	ـبـ	بـ	ب	
Pe	p	p	p	p	ـپ	ـپـ	پـ	پ	im arabischen Grundalphabet nicht enthalten
Te	t	t	t	t	ـت	ـتـ	تـ	ت	
Se	s	s	stimmloses s	s	ـث	ـثـ	ثـ	ث	weist auf ein arabisches Lehnwort hin
Dschim	ğ	ğ	dsch	dʒ	ـج	ـجـ	جـ	ج	
Tsche	č	č	tsch	tʃ	ـچ	ـچـ	چـ	چ	im arabischen Grundalphabet nicht enthalten
He - ye Dschimi	ḥ	h	h	h	ـح	ـحـ	حـ	ح	weist auf ein arabisches Lehnwort hin
Che	ḫ	x	ch wie in Bach	x	ـخ	ـخـ	خـ	خ	

[1] Deutsche Morgenländische Gesellschaft
[2] Heinric E. Junker / Bozorg Alavi
Persisch-Deutsch Wörterbuch: 50.000 Wortstellen, Einzelwörter, Ableitungen und Wendungen. Enthalten ist die Persische Schriftweise und Lautschrift und die entsprechende deutsche Bedeutung

Name	DMG[1]	Junker/Alavi[2]	Aussprache	Lautschrift	Final	Medial	Initial	Isoliert	Anmerkungen
Dāl	d	d	d	d	ـد	ـد *	د *	د	
Sāl	ẕ	z	stimmhaftes s	z	ـذ	ـذ *	ذ *	ذ	
Re	r	r	gerolltes r mit einem Zungenschlag	r	ـر	ـر *	ر *	ر	
Ze	z	z	stimmhaftes s	z	ـز	ـز *	ز *	ز	
Že	ž	ž	j wie in Journal	ʒ	ـژ	ـژ *	ژ *	ژ	im arabischen Grundalphabet nicht enthalten
Sin	s	s	stimmloses s	s	ـس	ـسـ	سـ	س	
Schin	š	š	sch	ʃ	ـش	ـشـ	شـ	ش	
Sād	ṣ	s	stimmloses s	s	ـص	ـصـ	صـ	ص	
Zād	ż	z	stimmhaftes s	z	ـض	ـضـ	ضـ	ض	weist auf ein arabisches Lehnwort hin
Tā	ṭ	t	t	t	ـط	ـطـ	طـ	ط	weist auch auf ein Lehnwort aus anderen Sprachen hin
Zā	ẓ	z	stimmhaftes s	z	ـظ	ـظـ	ظـ	ظ	weist auf ein arabisches Lehnwort hin
Eyn	ʿ	ʿ	Knacklaut	[ʔ][3)]	ـع	ـعـ	عـ	ع	weist auf ein arabisches Lehnwort hin

[3] im Deutschen beim Wort „beachten“ [bəˈʔaχtʰən]

Name	DMG[1]	Junker/Alavi[2]	Aussprache	Lautschrift	Final	Medial	Initial	Isoliert	Anmerkungen
			Wortanfang etwas härter						
Fe	f	f	f	f	ـف	ـفـ	فـ	ف	
Ghāf	q	ġ	ähnlich dem dt. Gaumen - r , am Wortanfang etwas härter	[ɣ ; ɢ]	ـق	ـقـ	قـ	ق	
Kāf	k	k	k	k	ـک	ـکـ	کـ	ک	vom Arabischen abweichende Schreibweise
Gāf	g	g	g	g	ـگ	ـگـ	گـ	گ	im arabischen Grundalphabet nicht enthalten
Lām	l	l	l	l	ـل	ـلـ	لـ	ل	
Mim	m	m	m	m	ـم	ـمـ	مـ	م	
Nūn	n	n	n	n	ـن	ـنـ	نـ	ن	
Wāw	v, ū, ou	w, u, ou	ähnlich w , u , ou	[v, oʊ, u]	ـو	و *	و *	و	
He Do Tscheschm	h	h	h	h	ـه	ـهـ	هـ	ه	
Je	y, ī	j, i	j , i	[j,i]	ـي	ـیـ	یـ	ی	vom Arabischen abweichende Schreibweise

* Sieben Buchstaben können nicht nach links verbunden werden, sodass jeweils die initiale und isolierte sowie die mediale und finale Form übereinstimmen.

Lektion 1 (۱ درس اول) [dars-e awwal]

Die persische Sprache kennt keine Artikel.

Der Ball (توپ = tūp) ist einfach nur ***Ball***.

Der Mann (مرد= mard) ist einfach nur ***Mann***.

Das heisst, dass مرد (mard) sowohl als <u>der</u> Mann oder <u>ein</u> Mann übersetzt werden kann. Entscheidend ist der Sinnzusammenhang.

Beispiel:

kommen = آمدن (āmadan)

kam = آمد (āmad)

Der Mann kam = ein Mann kam = مرد آمد (mard āmad)

Im Persischen steht das Verb (Zeitwort) immer am Schluss.

Sehen wir uns ein paar Vokabeln an und versuchen danach Sätze zu bilden:

ich = من (man)

bin = هستم (hastam)

hier = اینجا (inğā)

Versuchen Sie nun den Satz zu bilden.

Er lautet:

من اینجا هستم

Man inğā hastam (wörtlich: ich hier bin)

Wenn ich betonen will, dass ***ich*** hier bin, dann wird das **ich** durch ***man*** (**من**) betont.

Soll das ***ich nicht*** betont werden, dann lautet der Satz:

اینجا هستم (inğā hastam)

Eine weitere Besonderheit der Persischen Sprache ist, dass das Persische eine ***geschlechtsneutrale Sprache*** ist.

Es gibt kein männlich, weiblich oder sächlich.

Das hat den Vorteil, dass man im Persischen nicht gendern muss. 

Der Buchstabe A (ا oder آ)

Wasser = **آب** (āb)

gab = **داد** (dād)

Am Wortanfang schreibt man das lange a (ā) آ, während im Wortinnern und am Wortende nur ا geschrieben wird.

Was die Aussprache des آ betrifft, so wird es fast wie ein offenes **o** gesprochen. Man schreibt in der Umschrift meistens ein ***ā*** oder mitunter auch ein ***å***.

Noch ein paar Vokabeln:

Mama = **ماما** (māmā)

Papa = **بابا** (bābā)

er/sie gab = **داد** (dād)

wir = **ما** (mā)

Bitte nicht schummeln 

Üben wir die Vokabeln, die wir bis jetzt gelernt haben. Sie sehen drei Reihen:

deutsch	Vokabel Umschrift	Vokabel persische Schrift

Schreiben Sie im zweiten und im dritten Kästchen jeweils die Lösung.

Z. B.:

deutsch	Vokabel Umschrift	Vokabel persische Schrift
ich	man	من

Viel Spaß!

deutsch	Vokabel Umschrift	Vokabel persische Schrift
hier		
kam		
Mann		
ich		
er/sie gab		
Wasser		
Mama		
Papa		

Fassen wir zusammen:

In der Persischen Sprache werden die Buchstaben oftmals miteinander verbunden. Man unterscheidet:
final, medial, initial und isoliert.

Es gibt jedoch sieben Ausnahmen:

- alef (ا)
- dāl (د)
- sāl (ذ)
- re (ر)
- ze (ز)
- že (ژ) und
- wāw (و)

Diese Buchstaben stehen immer einzeln.

Der kurze Vokal a wird nicht geschrieben. Man schreibt also ***mrd*** (مرد), aber es wird ***mard*** (dtsch. Mann)ausgesprochen.

Am Anfang eines Wortes wird das a mit einer Wellenlinie (Tilde) geschrieben, während in der Mitte und am Ende eines Wortes beim a keine Wellenlinie geschrieben steht.

Ob bei einem a ein reines a oder ein ā gesprochen wird, das unterliegt keinen Regeln. Das kann man nur von Vokabel zu Vokabel lernen.

Farsi Niveau A / Best.-Nr. 12 822

Lektion 2 (٢ درس دوم) [dars-e dowwom]

Bevor wir uns in verschiedene Zeiten bestimmter Verben (Zeitwörter) vertiefen wollen wir uns einige Vokabel zu Gemüte führen.

Abbildung	deutsch	Umschrift	persisch
	Hand	dast	دست
	Pferd	asb	اسب
	Korb	sabad (sbd)	سبد
	Mandeln	bādām	بادام
	ich	man	من
	du	to	تو
	er/sie/es (Personen)	ū	او
	Bazar	bāsār	بازار
	Apfel	sib	سیب
	Wasser	āb	آب
	geben	dādan	دادن

Verbkonjugationen

Der Name der Zeitformen

Jede Sprache hat ihr eigenes System für die Bezeichnung der Zeitformen.

Zum Beispiel, die Zeit „ich bin ... gegangen“ heißt

- „Perfekt“ auf Deutsch,
- „abgeschlossene Gegenwart“ auf Englisch,
- „abgeschlossene Vergangenheit“ auf Spanisch,
- „zusammengesetzte Vergangenheit“ auf Französisch und
- „erzählende Vergangenheit“ auf Persisch.

Ausserdem haben nicht unbedingt alle Zeitformen einer Sprache eine Entsprechung in einer anderen Sprache.

Daher ist der beste Ansatz, die Zeitformen einer fremden Sprache mit ihren ***Originalnamen*** zu lernen. Diese Methode wird auch hier benutzt. In Ihren Büchern sehen Sie vielleicht Namen, die denen, die in der deutschen Sprache verwendet werden, ähneln, aber bitte beachten Sie, dass nicht alle Zeitformen dort besprochen werden.

Allgemeine Übersicht
Indikativ

Indikativ - Gegenwart	
einfach	Entsprechung: Präsens
imperfekt	keine Entsprechung; wird wie Präsens verwendet
progressiv	keine Entsprechung; Englisch: present continuous

Indikativ - Vergangenheit	
einfach	Entsprechung: Präteritum
imperfekt	keine Entsprechung; Französisch: imparfait
progressiv	keine Entsprechung; Englisch: past continuous
erzählend	Entsprechung: Perfekt
erzählend imperfekt	keine Entsprechung
erzählend progressiv	keine Entsprechung; Englisch: present perfect continuous
vorangehend	Entsprechung: Plusquamperfekt
vorangehend imperfekt	keine Entsprechung
vorangehend progressiv	keine Entsprechung; Englisch: past perfect continuous
vorangehend erzählend	keine Entsprechung
vorangehend erzählend imperfekt	keine Entsprechung
precedente narrativo progressiv	keine Entsprechung

Farsi Niveau A / Best.-Nr. 12 822

Indikativ - Zukunft

einfach	Entsprechung: Futur I
imperfekt	keine Entsprechung
vorangehend	Entsprechung: Futur II
vorangehend imperfekt	keine Entsprechung

Konjunktiv

Konjunktiv - Gegenwart

einfach	keine Entsprechung; französisch: présent

Konjunktiv - Vergangenheit

erzählend	keine Entsprechung; französisch: passé
erzählend imperfekt	keine Entsprechung
vorangehend erzählend	keine Entsprechung
vorangehend erzählend imperfekt	keine Entsprechung

Imperativ

Imperativ - Gegenwart

einfach	Entsprechung: Präsens

Imperativ - Vergangenheit

erzählend	keine Entsprechung
vorangehend erzählend	keine Entsprechung

Nun kann der sanfte Leser/die sanfte Leserin durchatmten, denn grau ist alle Theorie.

Sehen wir uns das Ganze in der Praxis an:

Beginnen wir bei den unregelmässige Verben.

Als Beispiel nehmen wir **بودن** (būdan = sein)

sein (būdan [budn]) بودن

Infinitiv:	**budan**	بودن
Perfektstamm:	**bud**	بود
Partizip Perfekt:	**bude**	بوده
Präsensstamm:	**bāsh**	باش

Indikativ - Gegenwart
Einfach: Verb + Personalendung

Singular			**Plural**		
1. Person **ich bin**	**-am**	م	**1. Person** **wir sind**	**-īm**	یم
	hastam	هستم		**hastīm**	هستیم
2. Person **du bist**	**-ī**	ای	**2. Person** **ihr seid**	**-īd**	ید
	hastī	هستی		**hastīd**	هستید
3. Person **er, sie, es ist**	**-ast**	است	**3. Person** **wir sind**	**-and**	ند
	hast	هست		**hastands**	هستند

Indikativ - Vergangenheit
Einfach: Verb + Personalendung

Singular			**Plural**		
1. Person	**-am**	م	**1. Person**	**-īm**	یم
ich war	**budam**	بودم	**wir waren**	**budim**	بودیم
2. Person	**-ī**	ی	**2. Person**	**-īd**	ید
du warst	**budi**	بودی	**ihr wart**	**budid**	بودید
3. Person	**-**		**3. Person**	**-and**	ند
er, sie, es war	**bud**	بود	**sie waren**	**budand**	بودند

In der Vergangenheitsform wirds richtig „bunt“.

Imperfekt:

Verb (bud = بود)+ Personalendung

Singular

1. Person **ich war es**	**man** من	**budam**	بودم **xxxam**[4]
2. Person **du warst es**	**to** تو	**budi**	بودی **xxxi**
3. Person **er, sie, es war es**	**u** او	**bud**	بود -

Plural

1. Person **wir waren es**	**mā** ما	**budim**	بودیم **xxxim**
2. Person **ihr wart es**	**šomā** شما	**budid**	بودید **xxxid**
3. Person **sie waren es**	**ānhā** آنها	**budand**	بودند **xxxand**

Die Präposition ب be vor einem Substantiv oder Pronomen übernimmt die Funktion, die im Deutschen der Dativ hat. Sie kann an das folgende Wort angehängt werden (بمن be-man „mir“) oder geht in der Form به als selbstständiges Wort voraus (به من be-man „mir“).

Wenden wir unser Wissen gleich an:

1. Ich bin Iranerin (Iranerin = īrānī= ایرانی)
2. Der Mann kam zum Bazar. (kam = āmad = آمد)
3. Der Mann ist im Bazar.

Auflösung:

1. من ایرانی ام
1. Man īrānī am.

2. مرد به بازار
2. Mard beh bāsār.

[4] xx ist Platzhalter für irgendein Vokabel

3. مرد در بازار

3. Mard dar bāsār.

Ergänzen Sie folgende Sätze:

Der Mann gab Wasser.

مرد .. داد

(mard .. dād)

Das Mann ist im Basar.

مرد ... بازار است

(mard ... bāsār ast)

Papa ist im Basar.

بابا در ..... است

(bābā dar .... ast)

Und wieder haben wir eine Lektion geschafft.

3. Lektion (درس سوم ۳) [dars-e sewwom]

Verbkonjugation am Beispiel des Verbs „lesen"

lesen (xādan) خواندن

Infinitiv:	**xāndan**	خواندن
Perfektstamm:	**xānd**	خواند
Partizip Perfekt:	**xānde**	خوانده
Präsensstamm:	**xān**	خوان

Indikativ - Gegenwart
Einfach: Verb + Personalendung
Singular

1. Person **ich lese**	**man** من	mi xānam	می خوانم	م- am
2. Person **du liest**	**to** تو	mi xāni	می خوانی	ی- ī
3. Person **er, sie, es liest**	**u** او	mi xānad	می خواند	د- ad

Plural

1. Person **wir lesen**	**mā** ما	mi xānim	می خوانیم	یم- im
2. Person **ihr lest**	**šomā** شما	mi xānid	می خوانید	ید- id
3. Person **sie lesen**	**ānhā** آنها	mi xānand	می خوانند	ند- and

Imperfekt: Präsensstamm (khān = خوان) + Personalendung

Singular

1. Person ich las	man من	xāndam	خواندم xxxdam
2. Person du last	to تو	xāndi	خواندی xxxdi
3. Person er, sie, es las	u او	xānd	خواند xxx

Plural

1. Person wir lasen	mā ما	xāndim	خواندیم xxxdim
2. Person ihr last	šomā شما	xāndid	خواندید xxxdid
3. Person sie lasen	ānhā آنها	xāndand	خواندند xxxdand

Progressiv: dār + Endung des Präsensstammes
eine Handlung, die andauert und noch nicht abgeschlossen ist. Entspricht dem present continuous im Englischen.

دارم میخوانم (dāram mixānam) hieße im Englischen: I am singing (ich singe, das singen ist noch nicht abgeschlossen)

Singular

1. Person ich lese gerade	**man من**	**dāram mixānam**	**دارم میخوانم**	**dāram mixxxam**
2. Person du liest gerade	**to تو**	**dāri mixāni**	**داری میخوانی**	**dāri mixxxi**
3. Person er, sie liest gerade	**u او**	**dārad mixānd**	**دارد میخواند**	**dārad mixxx**

Plural

1. Person wir lesen gerade	**mā ما**	**dārim mixānim**	**داریم میخوانیم**	**dārim mixxxim**
2. Person ihr lest gerade	**šomā شما**	**dārid mixānid**	**دارید میخوانید**	**dārid mixxxid**
3. Person sie lesen gerade	**ānhā آنها**	**dārand mixānand**	**دارند میخوانند**	**dārand mixxxand**

Vokabeltraining

deutsch	Umschrift	persisch
essen	xordan	خوردن
Würfel	tās	تاس
Maulbeere	tut	توت
Mutter	mādar	مادر
Bleistift	medād	مداد
in / Tür	dar	در
schnell	sari'	سريع
groß	bozorg	بزرگ
Haus	xāne	خانه

Bitte übersetzen Sie:

تاس
توت
بابا
تو

1. مادر من ایرانی است

2. او سبد در دست دارد

3. در سبد دو مداد است

4. Das Pferd ist schnell.

5. Das Haus ist groß.

4. Lektion (درس ۴ چهارم) [dars-e tschahārom]

deutsch	Umschrift	persisch
Junge	pesar	پسر
klein	kučak	کوچک
wenig / kaum	kam	کم
nach	beh	به
ging	raft	رفت
Frau	zan	زن

Die Präposition به (beh) „nach, zu“ kann auch zur Kennzeichnung des Dativs verwendet werden.

Beipiel:
Der Mann ging zum Bazar.

مرد به بازار رفت

(Mann nach Bazar ging)

Die Frau gab dem Jungen Wasser.

زن به پسر آب داد

(Frau nach Junge Wasser gab)

است (ast) wird oftmals auch im Sinne von „es gibt“ verwendet:

Im Haus gibt es Wasser.

در خانه آب است

(Im Haus Wasser ist)

Das Persische unterscheidet meist nicht zwischen Perfekt und Präteritum. Im Deutschen gibt es aber sehr wohl einen Unterschied. Daher werden wir nun der Einfachheit halber und zum besseren Verständnis statt des Präteritums das Perfekt verwenden.

Bevor wir aber darauf genauer eingehen wollen wir uns mit den Interrogativpronomina beschäftigen.

Fragestellung im Persischen

Fragewort = Interrogativpronomen

deutsch	Umschrift	persisch
wer	ki	کی
was	če	چه
wie	četour	چطور
wo	koǧā	کجا
wann	kej	کی
warum	čerā	چرا
wie viel	čand	چند
welcher/e/s	kodām	کدام

Beachten Sie: کی wird zwar gleich geschrieben, aber je nachdem ob sie ***wer*** oder ***wann*** meinen verschieden ausgesprochen.

Als ob das nicht genug wäre: Bei ***was*** gibt es zwei Schreibweisen. چی (či) wenn es gesprochen wird und چه (če) wenn es geschrieben wird.

Das Fragezeichen wird im Persischen so geschrieben:

deutsch	persisch
?	؟

Sehen wir uns mal ein paar Fragen an:

deutsch	Umschrift	persisch
Was ist das? (schriftlich)	In če ast	این چه است
Was ist das? (gesprochen)	In či ast	این چی است
Was ist das? (Umgangssprache)	či-e	چیه
Wo ist er?	u koǧā ast	او کجا است
Wo bist du?	koǧā hasti	کجا هستی
Wo bist du? (umgangssprachlich)	koǧā-i	کجایی
Wer ist sie?	u ki ast	او کی است

deutsch	Umschrift	persisch
Wer ist sie? (umgangssprachlich)	u ki-ye	او کیه
Wann kommst du?	kej miai	کی می آیی
Warum bist du gegangen? (Warum gingst du?)	čera rafti	چرا رفتی
Wie heißt du?	esm-e šoma čiye	اسم شما چیه
Welcher Bus fährt nach Teheran?	otobus kodam be Tehran mirawad	کدام اتوبوس به تهران می رود؟

Im täglichen Leben kommt es darauf an, was man genau wissen will. Daher ist die Stellung des Fragewortes von entsprechender Bedeutung.

Sehen wir uns das an ein paar Beispielen an.

deutsch	Umschrift	persisch
Warum hast du ihn hergebracht?	u-ra baraye če bā xod awarde-i	او را برای چه با خود آورده ای؟
Warum hast du **ihn** hergebracht?	baraye če u-ra bā xod awarde-i	برای چه او را با خود آورده ای؟

Mitunter gibt es im Persischen auch Fragen, die ohne Interrogativpronomina auskommen. Diese Fragen werden mit Hilfe des Fragewortes آیا (āyā) gebildet.

deutsch	Umschrift	persisch
Möchtest du mit mir kommen?	āyā mixāhi bā man biay-i?	آیا می خواهی با من بیایی؟

5. Lektion (۵.درسی پنجم) [dars-e panğom]

Zahlen (اعداد) [*a'dād*]

1-1.000.000

deutsch	Umschrift	persisch	persische Zahl
0	sefr	صفر	۰
1	yek	یک	۱
2	do	دو	۲
3	se	سه	۳
4	čahār	چهار	۴
5	panğ	پنج	۵
6	šeš	شش	۶
7	haft	هفت	۷
8	hašt	هشت	۸
9	no	نه	۹
10	da	ده	۱۰
11	jāz-dah	یازده	۱۱
12	dawāzdah	دوازده	۱۲
13	sizdah	سیزده	۱۳
14	čahār-dah	چهارده	۱۴
15	pānzdah	پانزده	۱۵
16	pānzdah	شانزده	۱۶
17	hefdah	هفده	۱۷
18	hefdah	هجده	۱۸
19	nuzdah	نوزده	۱۹
20	bist	بیست	۲۰
21	bist o yek	بیست و یک	۲۱
30	si	سی	۳۰
40	čehel	چهل	۴۰
50	panğāh	پنجاه	۵۰

deutsch	Umschrift	persisch	persische Zahl
60	šast	شصت	۶۰
70	haftād	هفتاد	۷۰
80	haštād	هشتاد	۸۰
90	nawad	نود	۹۰
100	sad	صد	۱۰۰
101	sad o yek	صد و یک	۱۰۱
200	dewist	دویست	۲۰۰
300	si-sad	سیصد	۳۰۰
400	čahār-sad	چهارصد	۴۰۰
500	pān-sad	پانصد	۵۰۰
600	šeš-sad	ششصد	۶۰۰
700	haft-sad	هفتصد	۷۰۰
800	hašt-sad	هشتصد	۸۰۰
900	noh-sad	نهصد	۹۰۰
1.000	hezār	هزار	۱۰۰۰
2.000	do hezār	دو هزار	۲۰۰۰
3.000	se hezār	سه هزار	۳۰۰۰
5.000	panğ hezār	پنج هزار	۵۰۰۰
100.000	sad hezār	صد هزار	۱۰۰۰۰۰
1.000.000	yek milijon	یک میلیون	۱۰۰۰۰۰۰

Besonderheiten

Im umgangssprachlichen Persisch werden folgende Konventionen eingehalten:

Das /*h*/ in ***čahār*** entfällt und die Zahl wird als ***čār*** ausgesprochen.

Das /*ğ*/ in ***panğ*** und das /*t*/ in ***haft*** und ***hašt*** sind sehr schwach; insbesondere ***haft*** und ***hašt*** werden als ***haf*** und ***haš*** normalisiert, vor allem vor dem Zählwort تا *tā*:

هچلهف
hacalhaf (oder, ***hašt al-haft)***
'Kauderwelsch'

هفت تا مرد
haf tā mard
'sieben Männer'

هشت تا خونه
haš tā xune
'acht Häuser'

Vor Vokalen kann im umgangssprachlichen Dialekt das / ***t*** / variabel wieder auftauchen:

هفت آسمون
haft āsemun oder ***haf āsemun***
'die sieben Himmel'
šeš wird ***šiš*** ausgesprochen .

Das /*h*/ in noh verschwindet und das /*o*/ wird verlängert; daher /***no:***/.

Das Wort für Zahl ist عدد ***adad*** (ein arabisches Lehnwort), mit dem gebrochenen Plural اعداد ***a'dād*** .

Ein anderes Wort نمره nomré (Plural, نمرات nómarāt , gelegentlich نمره ها nómre ha) wird auch verwendet, eher wie das Wort 'Ziffer' im Englischen; es könnte aber auch 'Zahl' und sogar 'Note' bedeuten, wie es in einer Prüfung gemacht wird.

Zum Beispiel ist 'die Zimmernummer' نمره ی اتاق ***nómre otāġ***, während عددِ اتاق ***adad otāġ*** soviel wie 'die Anzahl der Zimmer' bedeutet (z.B. '…in einem Hotel…'), wobei das Wort عدد ***adad*** eher wie 'Zählung(en)' ist:
دو عدد نان ***do adad nān*** „zwei Stück Brot“ (d.h. „zwei Brote“ oder ähnlich).

Ein ursprüngliches persisches Wort wie شماره šomāre 'Zahl' wird auch verwendet, was beides bedeutet. „Telefonnummer" ist zum Beispiel شماره ی تلفن *šomāre-ye telefon*, gelegentlich نمره ی تلفن; *nomre-ye telefon*,aber niemals عدد تلفن, *adad telefon*, was grob „die Anzahl der Telefone" bedeuten könnte.

Und schließlich π pi ist عدد پی *adad-e pi*, nicht شماره ی پی *šomāre-ye pi* oder نمره ی پی *nomre-ye pi*.

Zählwörter

Im Persischen gibt es zahlreiche Zählwörter, wie etwa جلد *ğeld* für *Einband* (für ein Buch), رأس *ro'us Kopf* (eines Tieres), دستگاه *dast-gāh Apparat, Maschine* (für jede Art von Maschine, zusätzlich zu Gebäuden) [z. B. auch دستگاه شنود *dastgāh-e šonud* = Abhörwanze[4]); شنود *šonud* abhören] und ähnliches.

Im umgangssprachlichen Persisch gibt es jedoch das allgemeine Zählwort تا *tā*[5]) (*bis)* (bedeutet ursprünglich „eines von einem Paar"), das jedes der anderen Zählwörter ersetzen kann. Während jedoch alle Zählwörter mit allen Zahlen verwendet werden, einschließlich *yek* „eins", wird تا *tā nie mit yek* verwendet.

Einige Beispiele:

deutsch	Umschrift	persisch
ein Mann	yek mard	یک مرد
zwei Männer	dó mard (formal)	دو مرد
	dó tā mard (umgangssprachlich)	دو تا مرد
drei Männer	sé mard (formal)	سه مرد
	sé tā mard (umgangssprachlich)	سه ت

Ein Zählwort wie دانه *dāne* 'Korn' wird formal nur für kleine Partikel wie Körner von Hülsenfrüchten usw. verwendet; im umgangssprachlichen Dialekt wird es jedoch austauschbar mit تا *tā* als allgemeines Zählwort verwendet, insbesondere für einen einzelnen Gegenstand. Im Gegensatz zu تا *tā* wird دانه *dāne* (umgangssprachlich دونه *dune*) also auch mit یک *jek* (umgangssprachlich یه *ye*) verwendet:

[4] wörtlich: Apparat zum Abhören
[5] als Präposition verwendet heißt es *bis*; als Konjunktion verwendet bedeutet es *damit*.

یه دونه سیب
ye dune sib (umgangssprachlich)
'ein Apfel'

یه دونه گوسفند
ye dune gusfand
'ein Schaf'

In der Regel werden diese beiden generischen Zählwörter in der Umgangssprache bei mehr als einem Artikel kombiniert:

دو تا دونه سیب
do tā dune sib
'zwei Äpfel' (wörtlich, "zwei einzelne Einheiten Apfel").

Auf Zahlen folgt immer ein Substantiv im Singular: **یک کتاب** ***yek ketāb*** 'ein[6])/ein[7]) Buch', **ده کتاب** ***dah ketāb*** 'zehn Bücher', usw. Mit anderen Worten, ***das Substantiv*** **کتاب** ***ketāb steht immer im Singular***.

Einige der Zählwörter in Persisch find folgende:

Zählwort	Beispiel
تخته *taxte* Brett, Tafel (für Teppiche, Läufer usw.)	**یک تخته فرش** *yek taxte farš* ein(einzelner) Teppich
جلد *ğeld* Band, eine gebundene Ausgabe (für Bücher, etc.)	**سه جلد کتاب** *sé ğeld ketāb* drei Bände eines Buches
دانه *dāne* Korn (für kleine Gegenstände, insbesondere für einen einzelnen Gegenstand)	**یک دانه برنج** *yek dāne berenj* ein einzelnes Reiskorn
دستگاه *dastgāh* Gerät (für Maschinen jeglicher Art und Gebäude)	**دو دستگاه اتومبیل** *dó dastgāh otomobil* zwei Autos **سه دستگاه آپارتمان** *sé dastgāh āpārtemān* drei Wohnungen

[6] im Sinne von „irgendein"
[7] als Zahl

Zählwort	Beispiel
رأس *ras* Kopf (für fast alle Nutztiere)	پنج رأس گوسفند *panj ras gusfand* fünf (Köpfe) Schafe
فروند *farvand* (für Schiffe, Flugzeuge und Raumschiffe)	یک فروند هواپیما *yek farvand havāpeymā* ein Flugzeug
قالب *qāleb* Form, Gussform (für Seife, Butter, Käse, etc.)	دو قالب صابون *dó qāleb-e sābun* zwei Stücke Seife
نفر *nafar* Person, Mann (für Menschen und Kamele)	چهار نفر ایتالیایی *cahār nafar itāliyāyi* vier Italiener دو نفر می آیند *dó nafar mi āyand* zwei Personen kommen, kommen gerade, werden kommen

6. Lektion (۶.درسی ششم) [dars-e šešom]

Personalpronomen

Deutsch	Umschrift
ich	man
ich und du	man wa to
wir beide	har doye mā
er	u (mard)
er und sie	ān mard wa ān zan
sie beide	har doye ānhā
der Mann	ān mard
die Frau	ān zan
das Kind	ān kudak
eine Familie	yek xānevāde
meine Familie	xānevādeye man
Meine Familie ist hier.	xānevādeye man inğāst.
Ich bin hier.	man inğā hastam.
Du bist hier. (mard = männlich, zan = weiblich)	to (mard) inğāy-i. / to (zan) inğāy-i.
Er ist hier und sie ist hier.	ān mard inğāst va ān zan inğāst.
Wir sind hier.	mā inğā hastim.
Ihr seid hier.	šomā inğā hastid.
Sie sind alle hier.	hameye ānhā inğā hastand.

Smalltalk 1

Deutsch	Umschrift
Hallo!	salām!
Guten Tag!	ruz bexeir!
Wie geht's?	hālet četore? četori? (umgangssprachlich)
Kommen Sie aus Europa?	šomā az orupā mi-āyid?
Kommen Sie aus Amerika?	šomā az āmrikā mi-āyid?
Kommen Sie aus Asien?	šomā az āsiā mi-āyid?
In welchem Hotel wohnen Sie?	dar kodām hotel eġāmat dārid?
Wie lange sind Sie schon hier?	čeġadr az eġāmate-tān dar inğā migozarad?
Wie lange bleiben Sie?	čeġadr inğā mimānid?
Gefällt es Ihnen hier?	az inğā xošetān mi-āy-yad?
Machen Sie hier Urlaub?	barāye mosāferat inğā hastid? dar tatilāt hastid? (umgangssprachlich)
Besuchen Sie mich mal!	sari be man bezanid!
Hier ist meine Adresse.	in ādrese man ast.
Sehen wir uns morgen?	fardā ham digar rā mibinim?
Tut mir Leid, ich habe schon etwas vor.	mota-asefam, man kār dāram.
Tschüs!	xodā hāfez!
Auf Wiedersehen!	xodā negahdār!
Bis bald!	tā ba-ad!

Zahlen

Deutsch	Umschrift
Ich zähle:	man mišomāram:
eins, zwei, drei	yek, do, se
Ich zähle bis drei.	man tā se mišomāram.
Ich zähle weiter:	man bištar mišomāram:
vier, fünf, sechs,	čahār, panǧ, šeš
sieben, acht, neun	haft, hašt, noh
Ich zähle.	man mišomāram.
Du zählst.	to mišomāri.
Er zählt.	u (mard) mišomārad.
Eins. Der Erste.	yek, avval.
Zwei. Der Zweite.	do, dovvom.
Drei. Der Dritte.	se, sevvom
Vier. Der Vierte.	ča-hār, ča-hārom.
Fünf. Der Fünfte.	panǧ, panǧom.
Sechs. Der Sechste.	šeš, šešom.
Sieben. Der Siebte.	haft, haftom.
Acht. Der Achte.	hašt, haštom.
Neun. Der Neunte.	noh, nohom.

Wochentage

Deutsch	Umschrift
der Montag	do-šanbe
der Dienstag	e-šanbe
der Mittwoch	ča-hār-šanbe
der Donnerstag	panğ-šanbe
der Freitag	ğom-e
der Samstag	šanbe
der Sonntag	yek-šanbe
die Woche	hafte
von Montag bis Sonntag	az do-šanbe tā yek-šanbe
Der erste Tag ist Montag.	av-valin ruz do-šanbe ast.
Der zweite Tag ist Dienstag.	dov-vomin ruz se-šanbe ast.
Der dritte Tag ist Mittwoch.	sev-vomin ruz ča-hār-šanbe ast.
Der vierte Tag ist Donnerstag.	ča-hāromin ruz panğ-šanbe ast.
Der fünfte Tag ist Freitag.	panğomin ruz ğom-e ast.
Der sechste Tag ist Samstag.	šešomin ruz šanbe ast.
Der siebte Tag ist Sonntag.	haftomin ruz yek-šanbe ast.
Die Woche hat sieben Tage.	hafte haft ruz dārad.
Wir arbeiten nur fünf Tage.	mā faġat panğ ruz kār mikonim.
Gestern war Samstag.	diruz šanbe bud.
Gestern war ich im Kino.	diruz man sinemā budam.
Der Film war interessant.	film gālebi bud.

Deutsch	Umschrift
Heute ist Sonntag.	emruz yek-šanbe ast.
Heute arbeite ich nicht.	man emruz kār nemikonam.
Ich bleibe zu Hause.	man emruz dar xāne mimānam.
Morgen ist Montag.	fardā do-šanbe ast.
Morgen arbeite ich wieder.	man fardā dobāre kār mikonam.
Ich arbeite im Büro.	man dar edāre kār mikonam.

Smalltalk 2

Deutsch	Umschrift
Wer ist das?	in kist?
Das ist Peter.	in peter ast.
Peter ist Student.	peter dānešğu ast.
Wer ist das?	in kist?
Das ist Martha.	in mārtā ast.
Martha ist Sekretärin.	mārtā monši ast.
Wer ist das?	in kist?
Peter und Martha sind Freunde.	peter va mārtā bā ham dust hastand.
Peter ist der Freund von Martha.	peter dust-e pesar-e mārtā ast.
Martha ist die Freundin von Peter.	mārtā dust-e doxtar-et peter ast.
Ich trinke Tee.	man čāye minušam.
Ich trinke Kaffee.	man ġahve minušam.
Ich trinke Mineralwasser.	man āb ma´dani minušam.
Trinkst du Tee mit Zitrone?	to čāye rā bā limu minuši?

Deutsch	Umschrift
Trinkst du Kaffee mit Zucker?	to ġahve rā bā šekar minuši?
Trinkst du Wasser mit Eis?	to āb rā bā yax minuši?
Hier ist eine Party.	inğā yek mehmāni ast.
Die Leute trinken Sekt.	mardom šāmpāin minušand.
Die Leute trinken Wein und Bier.	mardom šarāb va ābe-ğo minušand.
Trinkst du Alkohol?	to alkol minuši?
Trinkst du Whisky?	to viski minuši?
Trinkst du Cola mit Rum?	to nušābe rā bā rām minuši?
Was macht Martha?	Mārtā če-kār mikonad?
Sie arbeitet im Büro.	ou dar edāre kār mikonad.
Sie arbeitet am Computer.	ou bā kāmputer kār mikonad.
Wo ist Martha?	mārtā koğāst?
Im Kino.	dar sinemā.
Sie schaut sich einen Film an.	ou film tamāšā mikonad.
Was macht Peter?	peter če-kār mikonad?
Er studiert an der Universität.	ou dar dāneš-gāh tahsil mikonad.
Er studiert Sprachen.	ou dar rešte-ye zabān dars mixānad.
Wo ist Peter?	peter koğāst?
Im Café.	dar kāfe.
Er trinkt Kaffee.	ou (mard) qahwe minušad.
Machen Sie es sich bequem!	rāhat bāšid!
Fühlen Sie sich wie zu Hause!	manzele xodetān ast.
Was möchten Sie trinken?	če mail dārid benušid?

Deutsch	Umschrift
Haben Sie Kinder?	šomā bač-če dārid?
Haben Sie einen Hund?	šomā sag dārid?
Haben Sie eine Katze?	šomā gorbe dārid?
Woher kommen Sie?	šomā az koǧā mi-āyid?
Aus Basel.	az bāzel.
Basel liegt in der Schweiz.	bāzel dar suis ast.
Darf ich Ihnen Herrn Müller vorstellen?	mitavānam āqāje muler rā be šomā mo-a-refi konam?
Er ist Ausländer.	u xāreǧi ast.
Er spricht mehrere Sprachen.	u be čan-din zabān sohbat mikonad.
Sind Sie zum ersten Mal hier?	šomā barāye av-valin bār inǧā hastid?
Nein, ich war schon letztes Jahr hier.	na, man sāle ġozašte ham inǧā budam.
Aber nur eine Woche lang.	ammā faqat yek hafte.
Wie gefällt es Ihnen bei uns?	az inǧā xošetān mi-āyad?
Sehr gut. Die Leute sind nett.	xeili xub ast. mardom xeili mehrabān hastand.
Und die Landschaft gefällt mir auch.	az manzarey-e ham xošam mi-āyad.
Was sind Sie von Beruf?	šoġle šomā čist?
Ich bin Übersetzer.	man motarǧem hastam.
Ich übersetze Bücher.	man ketāb tarǧome mikonam.
Sind Sie allein hier?	šomā inǧā tanhā hastid?
Nein, meine Frau / mein Mann ist auch hier.	na, xānomam / hamsaram ham inǧāst.
Und dort sind meine beiden Kinder.	va ānhā ham do farzande man hastand.
Rauchen Sie?	šomā sigār mikešid?
Früher ja.	dar gozašte, bale.

Deutsch	Umschrift
Aber jetzt rauche ich nicht mehr.	ammā hālā digar sigār nemikešam.
Stört es Sie, wenn ich rauche?	azi-yat mišavid agar man sigār bekešam?
Nein, absolut nicht.	na, motlaqan na.
Das stört mich nicht.	man rā nārāhat nemikonad.

etwas nicht mögen

Deutsch	Umschrift
Ich mag keinen Sekt.	man šāmpāin dust nadāram.
Ich mag keinen Wein.	man šarāb dust nadāram.
Ich mag kein Bier.	man ābe-ǧo dust nadāram.
Wohin gehen sie nicht gern?	ānhā koǧā dust nadārand beravand?
In die Disco.	be disko.
Sie tanzen nicht gern.	ānhā dust nadārand musiqi.

etwas mögen

Deutsch	Umschrift
Das Baby mag Milch.	bač-če šir dust dārad.
Das Kind mag Kakao und Apfelsaft.	bač-če kākāo va āb-e sib dust dārad.
Die Frau mag Orangensaft und Grapefruitsaft.	ān xānom āb porteģāl va āb-e Grapefruit dust dārad.
Wohin gehen sie gern ?	koǧā dust dārand beravand?
Ins Konzert.	be konsert.
Sie hören gern Musik.	ānhā dust dārand musiģi guš konand.
Lieben Sie Musik?	musiģi dust dārid?
Ich mag klassische Musik.	man musiqi-e kelāsik dust dāram.

Deutsch	Umschrift
Hier sind meine CDs.	inhā sidi hāye man hastand.
Spielen Sie ein Instrument?	šomā sāz mizanid?
Hier ist meine Gitarre.	in gitāre man ast.
Singen Sie gern?	dust dārid āvāz bexānid?
Hier sind meine Bücher.	inhā ketāb-hāye man hastand.
Ich lese gerade dieses Buch.	man al-ān dāram in ketāb rā mixānam.
Was lesen Sie gern?	Če bā meyl mixānid?
Gehen Sie gern ins Konzert?	dust dārid be konsert beravid?
Gehen Sie gern ins Theater?	dust dārid be te-ātr beravid?
Gehen Sie gern in die Oper?	dust dārid be operā beravid?

Smalltalk 3

Deutsch	Umschrift
Trinken Sie etwas?	šomā čizi mi-nušid?
Einen Cognac?	yek gilās konyāk?
Nein, lieber ein Bier.	na, tarğih midaham ābe-ğo benušam.
Reisen Sie viel?	šomā ziād mosāferat mikonid?
Ja, meistens sind das Geschäftsreisen.	bale, albate aksaran safar-hāye kāri ast.
Aber jetzt machen wir hier Urlaub.	ammā hālā inğā ta'tilātemān rā migoza-rānim.
Was für eine Hitze!	inğā čeǧadr garm ast.
Ja, heute ist es wirklich heiß.	bale emruz wāqean xyli garm ast.
Gehen wir auf den Balkon.	beravim ruye bālkon.
Morgen gibt es hier eine Party.	fardā inğā yek mehmāni bargozār mišavad.

Deutsch	Umschrift
Kommen Sie auch?	šomā ham mi-āyid?
Ja, wir sind auch eingeladen.	bale mā ham da'vat šode-im.

Mit dem Taxi in der Stadt

Deutsch	Umschrift
Ich möchte zum Bahnhof.	man mixāham be istgāh-e qatār beravam.
Ich möchte zum Flughafen.	man mixāham be forudgāh beravam.
Ich möchte ins Stadtzentrum.	man mixāham be markaz-e šahr beravam.
Wie komme ich zum Bahnhof?	če-ğuri be istgāh-e qatār beravam?
Wie komme ich zum Flughafen?	če-ğuri be forudgāh beravam?
Wie komme ich ins Stadtzentrum?	če-ğuri be markaz-e šahr beravam?
Ich brauche ein Taxi.	man ehtiāğ be yek tāxi dāram.
Ich brauche einen Stadtplan.	man ehtiāğ be yek nagše dāram.
Ich brauche ein Hotel.	man be yek hotel ehtiāğ dāram.
Ich möchte ein Auto mieten.	man mixāham yek otomobil kerāye konam.
Hier ist meine Kreditkarte.	in kārte e'tebāri man ast
Hier ist mein Führerschein.	in gavāhi-nāme-ye rānandegi-ye man ast.
Was gibt es in der Stadt zu sehen?	dar in šahr če čizi barāye didan voğud dārad?
Gehen Sie in die Altstadt.	be bāfte qadim-e šahr beravid.
Machen Sie eine Stadtrundfahrt.	bā tur dar šahr begardId.
Gehen Sie zum Hafen.	be bandar beravid.
Machen Sie eine Hafenrundfahrt.	bā tur gašti dar bandar bezanid.
Welche Sehenswürdigkeiten gibt es außerdem noch?	āyā didani-hāye digari ham hast?

Reservierung

Deutsch	Umschrift
Haben Sie ein Zimmer frei?	otāq-e xāli dārid?
Ich habe ein Zimmer reserviert.	man yek otāq rezerv karde-am.
Mein Name ist Müller.	esm-e man muler ast.
Ich brauche ein Einzelzimmer.	man ehtiāğ be yek otāq-e yek taxte dāram.
Ich brauche ein Doppelzimmer.	man ehtiāğ be yek otāq do taxte dāram.
Wie viel kostet das Zimmer pro Nacht?	otāq šabi čand ast?
Ich möchte ein Zimmer mit Bad.	yek otāq bā hammām mixāham.
Ich möchte ein Zimmer mit Dusche.	yek otāq bā dušman mixāham.
Kann ich das Zimmer sehen?	mitavānam otāq rā bebinam?
Gibt es hier eine Garage?	inğā pārking (gārazh) dārad?
Gibt es hier einen Safe?	inğā gāv sandoq dārad?
Gibt es hier ein Fax?	inğā fāx dārad?
Gut, ich nehme das Zimmer.	xeili xob, man otāq rā migiram.
Hier sind die Schlüssel.	kelid-hā inğā hastand?
Hier ist mein Gepäck.	čamedāne man inğāst?

Im Restaurant

Deutsch	Umschrift
Um wie viel Uhr gibt es Frühstück?	sā'at čand sobhāne serv mišavad?
Um wie viel Uhr gibt es Mittagessen?	sā'at čand nahār serv mišavad?
Um wie viel Uhr gibt es Abendessen?	sā'at čand šām serv mišavad?
Ist der Tisch frei?	āyā in miz xāli ast?
Ich möchte bitte die Speisekarte.	lotfan list-e ghazā rā be man bedahid.
Was können Sie empfehlen?	tosie-ye šomā čist?
Ich hätte gern ein Bier.	yek ābe-ğo mixāham.
Ich hätte gern ein Mineralwasser.	yek ābe ma-adani mixāham.
Ich hätte gern einen Orangensaft.	yek ābe porteġāl mixāham.
Ich hätte gern einen Kaffee.	yek qahwe mixāham.
Ich hätte gern einen Kaffee mit Milch.	yek qahwe bā šir mixāham.
Mit Zucker, bitte.	bā šekar, lotfan
Ich möchte einen Tee.	man čāye mixāham.
Ich möchte einen Tee mit Zitrone.	man čāye bā limu mixāham.
Ich möchte einen Tee mit Milch.	man čāye bā šir mixāham.
Haben Sie Zigaretten?	sigār dārid?
Haben Sie einen Aschenbecher?	zir sigāri dārid?
Haben Sie Feuer?	kebrit/fandak dārid?
Mir fehlt eine Gabel.	man čangāl nadāram.
Mir fehlt ein Messer.	man kārd nadāram.
Mir fehlt ein Löffel.	man qāšoq nadāram.

Deutsch	Umschrift
Einen Apfelsaft, bitte.	yek ābe sib lotfan.
Eine Limonade, bitte.	yek limunād lotfan.
Einen Tomatensaft, bitte.	yek ābe goğe farangi lotfan.
Ich hätte gern ein Glas Rotwein.	yek livān šarāb-e qermez mixāham.
Ich hätte gern ein Glas Weißwein.	yek livān šarāb-e sefid mixāham.
Ich hätte gern eine Flasche Sekt.	yek botri šāmpāin mixāham.
Magst du Fisch?	māhi dust dāri?
Magst du Rindfleisch?	gušt-e gāv dust dāri?
Magst du Schweinefleisch?	gušt-e xuk dust dāri?
Ich möchte etwas ohne Fleisch .	man yek ġazāye bedun-e gušt mixāham.
Ich möchte eine Gemüseplatte.	man yek zarfe sabzi mixāham.
Ich möchte etwas, was nicht lange dauert.	ġazā-yi mixāham ke tahie-ye ān ziād tul nakešad.
Möchten Sie das mit Reis?	ġazā rā bā bereně mixāhid?
Möchten Sie das mit Nudeln?	ġazā rā bā mākāroni mixāhid?
Möchten Sie das mit Kartoffeln?	ġazā rā bā sib-e zamini mixāhid?
Das schmeckt mir nicht.	ġazā xoš-mazze nist.
Das Essen ist kalt.	ġazā sard ast.
Das habe ich nicht bestellt.	man in ġazā rā sefāreš nadādam.

Deutsch	**Umschrift**
Ich möchte einen Flug nach Athen buchen.	man mixāham yek parvāz be āten rezerv konam.
Ist das ein Direktflug?	In yek parwiz-e mostaqim ast?
Bitte einen Fensterplatz, Nichtraucher.	lotfan yek sandali kenār-e pangere barāye ġaire sigāri-hā.
Ich möchte meine Reservierung bestätigen.	man mixāham belite rezerv-am rā ta'id konam.
Ich möchte meine Reservierung stornieren.	man mixāham belite rezerv-am rā kansel konam.
Ich möchte meine Reservierung umbuchen.	mixāham tārix va sā'at belitam rā taġir daham.
Wann geht die nächste Maschine nach Rom?	parwāz-e ā'di be rom če zamāni ast?
Sind noch zwei Plätze frei?	āyā do ğāye (sandali) digar xāli ast?
Nein, wir haben nur noch einen Platz frei.	na, mā faq yek ğāye xāli dārim.
Wann landen wir?	key forud mi-ā-yim?
Wann sind wir da?	key be maġsad miresim?
Wann fährt ein Bus ins Stadtzentrum?	key otobus be markaz-e šahr miravad?
Ist das Ihr Koffer?	in čamedāne šomāst?
Ist das Ihre Tasche?	in kif-e šomāst?
Ist das Ihr Gepäck?	in vasāyel-e (safare) šomāst?
Wie viel Gepäck kann ich mitnehmen?	če meġdār bār mitavānam bā xod biāvaram?
Zwanzig Kilo.	bist kilu
Was, nur zwanzig Kilo?	či, faqat bist kilu?
Rufen Sie bitte ein Taxi.	lotfan yek tāxi sedā konid.
Was kostet es bis zum Bahnhof?	tā istgāhe ġatār kerāye čeġadr mišavad?
Was kostet es bis zum Flughafen?	tā forudgāh kerāye čeġadr mišavad?

Deutsch	Umschrift
Bitte geradeaus.	lotfan mostaġim beravid.
Bitte hier nach rechts.	lotfan inğā samt-e rāst bepičid.
Bitte dort an der Ecke nach links.	lotfan ānğā sare nabš, samt-e čap bepičid.
Ich habe es eilig.	man aǧale dāram.
Ich habe Zeit.	man vaqt dāram.
Fahren Sie bitte langsamer.	lotfan āheste-tar berānid.
Halten Sie hier bitte.	lotfan inğā tavaġof konid.
Warten Sie bitte einen Moment.	lotfan yek lahze sabr konid.
Ich bin gleich zurück.	man al-ān bar migardam.

Fragen stellen

Deutsch	Umschrift
Entschuldigen Sie!	ma'zerat mixāham!
Können Sie mir helfen?	mitavānid be man komak konid?
Wo gibt es hier ein gutes Restaurant?	dar in atrāf resturān-e xubi hast?
Gehen Sie links um die Ecke.	sar-e nabš, samte čap beravid.
Gehen Sie dann ein Stück geradeaus.	ba'ad yek meġdār mostaġim beravid.
Gehen Sie dann hundert Meter nach rechts.	ba'd az 100 metre be zarar-e rāst beravid.
Sie können auch den Bus nehmen.	bā otobus ham mitavānid beravid.
Sie können auch die Straßenbahn nehmen.	bā metro ham mitavānid beravid.
Sie können auch einfach hinter mir herfahren.	aslan mitavānid pošt-e sare man harekat konid.
Wie komme ich zum Fußballstadion?	četor be estādiom futbāl beravam?
Überqueren Sie die Brücke!	az pol o'bur konid / pol rā rad konid.

Farsi Niveau A / Best.-Nr. 12 822

Deutsch	Umschrift
Fahren Sie durch den Tunnel!	ˈaz tunel oʻbur konid / tunel rā rad konid.
Fahren Sie bis zur dritten Ampel.	tā sev-vomin čerāq-e rāhnamā beravid.
Biegen Sie dann die erste Straße rechts ab.	sepas avalin xiābān be samt-e rāst bepičid.
Fahren Sie dann geradeaus über die nächste Kreuzung.	va az ča-hār rāh baʻdi obur konid.
Entschuldigung, wie komme ich zum Flughafen?	bebaxšid, četor be forudgāh beravam?
Am besten nehmen Sie die U-Bahn.	behtarin rāh in ast ke bā metro beravid.
Fahren Sie einfach bis zur Endstation.	tā āxarin istgāh beravid.

Zum Schluss:

تمام افراد بشر آزاد به دنیا می آیند و از لحاظ حیثیت و حقوق با هم برابرند، همه دارای عقل و وجدان می باشند و باید نسبت به یک دیگر با روح برادری رفتار کنند.

Tamām-e afrād-e bašar āzād be donyā miāyand va az lehāz-e heysiyat-o hoquq bā ham barābar-and. Hame dārā-ye aql-o vejdān mibāšand va bāyad nesbat be yekdigar bā ruh-e barādari raftār konand.

Alle Menschen sind frei und gleich an Würde und Rechten geboren. Sie sind mit Vernunft und Gewissen begabt und sollen einander im Geiste der Brüderlichkeit begegnen.
(Artikel 1 der Allgemeinen Erklärung der Menschenrechte)

Geschafft!!

Fachbereich: ***Fremdsprachen*** *– Farsi*

Schulform: *Hauptschule, Realschule, Gymnasium*

Beschreibung: *Eshq-e Mashq-e Fārsi (A) ist eine Einführung in das Level A des Persischen. In diesem Buch wird in das Alphabet des Persischen eingeführt, sowie in die Anfänge der Grammatik. Des weiteren wird in das Reich der Zahlen und der Konversation eingetreten. All das wird in sechs interessanten Kapiteln vorgestellt.*
Kathayoun Vaziri unterrichtet seit mehr als zehn Jahren am Sprachenzentrum der Universität Wien. Ihre Erfahrung und Kompetenz fließt in dieses Buch ein.

Weitere Bände:

Nr. 12 821

Nr. 12 814

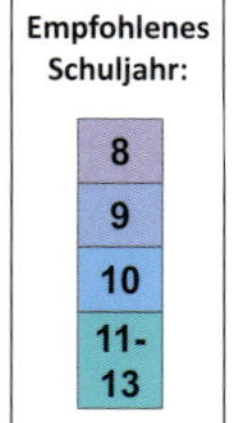

Nr: 12 822

ISBN: 978-3-98558-222-8

11,80 €